CONSIDÉRATIONS

SUR LA

DÉFENSE DE METZ EN 1870

AVEC

LA BRILLANTE ARMÉE

CHARGÉE

DE REPOUSSER L'ENVAHISSEUR

par

PHILOGÈNE BRUGNON

ancien sous-officier d'artillerie

> À l'avenir, les généraux qui défendront une place de guerre et qui ne mettront pas notre tactique en pratique, seront déclarés traîtres à la patrie.

PONT-A-MOUSSON

Imprimerie GAUTHIER, rue Saint-Laurent, 66

1883

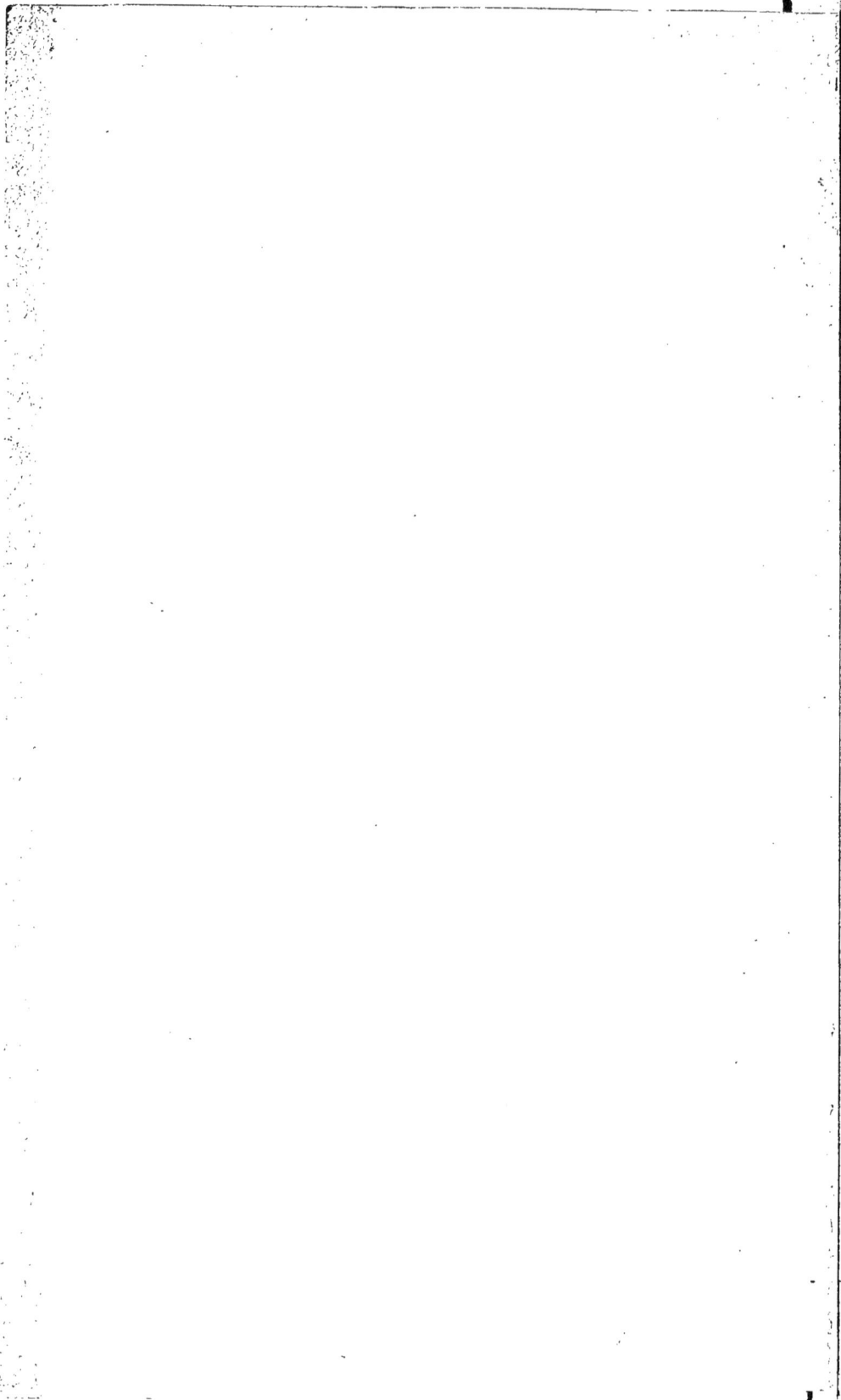

CONSIDÉRATIONS

SUR LA

DÉFENSE DE METZ EN 1870

CONSIDÉRATIONS

SUR LA

DÉFENSE DE METZ EN 1870

AVEC

LA BRILLANTE ARMÉE

CHARGÉE

DE REPOUSSER L'ENVAHISSEUR

par

PHILOGÈNE BRUGNON

ancien sous-officier d'artillerie

> A l'avenir, les généraux qui
> défendront une place de guerre
> et qui ne mettront pas notre
> tactique en pratique, seront
> déclarés traîtres à la patrie.

PONT-A-MOUSSON

Imprimerie GAUTHIER, rue Saint-Laurent, 66

1883

AVANT-PROPOS

Depuis le déluge et à partir des guerres médiques, on n'a jamais vu un général qui ait défendu l'investissement d'une place de guerre. Si le roi Balthazar qui défendit Babylone avait empêché son cernement, cette ville ne serait pas tombée au pouvoir de Cyrus. Le duc de Guise, qui défendait Metz en 1552, n'a pas non plus, sous les guerres modernes, défendu son investissement, ni le général qui défendait Lille en 1792, le 28 septembre.

Si le général qui défendait Paris en 1870 avait combattu son blocus, l'ennemi aurait mis deux mois pour cerner cette forteresse ; nous qui ne sommes pas général, nous allons démontrer comment nous aurions défendu l'investissement de Metz, avec la brillante armée qui la défendait en 1870. On ne dira pas que nous avons copié dans un livre ; ce que nous pré-

sentons est destiné à démontrer comment il
faut faire aujourd'hui pour défendre le blocus de
toutes nos places de guerre, et nous espérons
que Messieurs les officiers nous liront, cela servira à leur ouvrir l'idée pour mieux faire que
nous et ainsi que ceux qu'ils ont remplacés. On
dit qu'il faut avoir de l'instruction pour être officier et pour commander une armée ; nous,
nous disons qu'il faut avoir seulement l'idée de
la commander pour obtenir un bon résultat.

CHAPITRE PREMIER

Nous prenons donc le commandement de cette armée pour démontrer l'art de défendre l'investissement de toutes nos places de guerre.

Nous divisons cette armée en trois grands commandements, comme il est expliqué ci-après :

Proclamation adressée à l'armée.

« Officiers, sous-officiers et soldats, je compte sur votre concours pour châtier l'ennemi de votre patrie ; vous allez égaler vos ancêtres au champ de bataille de Valmy en 1792, et vos grands-pères au champ d'honneur de Waterloo en 1815, le 18 juin, près de Haie-Sainte, et ceux qui défendaient Mazagran le 3 février 1840. Et au surplus les soldats français ne furent jamais vaincus, ils ont porté la gloire de leur nation dans presque toutes les capitales de l'Europe, même en Egypte. Lorsqu'ils furent battus en 1815, c'est parce que les chefs qui les commandaient n'ont point rempli leurs vrais devoirs d'honneur et de patrie, il y en eut qui trahirent les braves soldats, qu'ils étaient chargés de conduire à la victoire, et d'autres ont lâchement déserté le drapeau de leur nation. »

« Soldats, vous devez écouter la voix de vos chefs, seraient-ils plus jeunes que vous, c'est la loi qui parle et le règlement militaire; vous devez défendre le drapeau de votre patrie qui représente la loi. Etant sur le champ de bataille, Dieu vous donnera le courage d'endurer la fatigue et les privations ; les soldats qui abandonneront les rangs de leur compagnie étant sur le champ de bataille pour s'abriter derrière un objet quelconque ou couchés dans un fossé pour échapper aux balles étrangères, ceux-là auront démérité de la patrie, ils devront être fusillés.

Prière à réciter pour une armée qui entre en campagne

« O Créateur de toutes choses, veuillez donner votre sainte bénédiction à cette brillante armée qui marche pour la défense des lois de son pays ; donnez aux hommes qui la composent le courage, la force et l'adresse de se défendre énergiquement contre leurs ennemis. Que votre grandeur leur accorde cette gloire, et nous comptons sur votre concours, Seigneur. Et tout soldat qui périra sur le champ de bataille, vous lui donnerez un repos éternel après sa mort, puisqu'il sera tombé en brave. »

1er Ordre du jour.

Habitants de Metz, l'ennemi marche vers votre citadelle, veuillez prendre les armes pour défendre votre
ville natale, comme vos pères l'ont défendue en 1552, et
de 1792 à 1815. Vous allez prendre les armes depuis
l'âge de 18 ans jusqu'à 65 pour servir comme artilleurs. Vous allez nommer vos chefs, et aussitôt on for-
mera les batteries de siège ; il y aura douze hommes employés par bouche à feu de siège, six seront de service
pendant vingt-quatre heures, tandis que les six autres se
reposeront. Pour le pointage des bouches à feu, voyez
art. 45 et 46.

2e Ordre du jour.

Il y aura tous les jours dans les détachements, commandements, corps d'armée et armée, conseil tenu le
soir. 1re Question : M. l'Intendant, la nourriture pour
les repas de demain sera-t-elle assurée, oui ou non ? 2e
Question : Y a-t-il de la chaussure au dépôt, oui ou non ?
3e Question : M. le directeur des poudres, y a-t-il des
munitions pour remplacer celles que les soldats auront
lancées à l'ennemi ? L'Intendant qui n'aura pas fourni
les repas de la journée, passera à la Cour martiale.

3e *Ordre du jour.*

Il fait connaître aux journalistes qu'ils ne pourront rien imprimer à ce qui touche l'armée, que ce que l'Etat-major leur aura communiqué, sous peine d'être arrêtés et détenus prisonniers pendant le blocus.

4e *Ordre du jour.*

Les maires de chaque commune de la Moselle et de la Meurthe sont invités à établir une cour martiale dans leur commune et présidée par eux. Y seront jugées toutes les personnes répandant de faux bruits, et tout individu non connu dans le pays, et ceux qui rendraient des services à l'armée allemande en dénaturant la nôtre, ainsi les soldats qui n'auront pas rejoint leurs corps, et les déserteurs, tous ces gens-là devront être fusillés.

5e *Ordre du jour.*

MM. les Officiers de santé sont invités de faire modifier la chaussure que l'on fabrique dans les magasins, ils doivent connaître la place où il faut apporter des modifications à une chaussure pour empêcher que le soldat soit blessé aux pieds par la confection de la chaussure qu'il porte. Ils sont invité à faire passer à une cour martiale tous les militaires qui se seront blessés volontairement et ceux que leurs chaussures auraient blessés, parce que chaque soldat doit avoir des bandes de linge de toile de rechange, et de la ouate pour garantir les pieds des écorchures.

Les médecins sont invités à surveiller la nourriture des soldats, ils doivent vérifier la fabrication du pain, visiter les bêtes que l'on tue et la boisson qui est distribuée à la troupe, soit au camp ou dans la cantine ; ils doivent s'assurer du logement des soldats lorsqu'il est pour être prolongé, ils doivent aussi distribuer des potions dans la nourriture des soldats pour les préserver des maladies. Ils doivent aussi s'assurer si les rations sont suffisantes pour l'alimentation de l'homme, afin de résister aux fatigues. Nos pères ont marché pour la défense de la patrie, avec la faim ; un pied déchaussé, ils ont traversé le Rhin à pieds nus, tandis que leurs enfants, pour marcher, il faut qu'ils aient le ventre bien garni, les pieds bien chaussés, et traverser le Rhin en nacelles. Voilà les deux esprits du siècle.

6e Ordre du jour.

Les vétérinaires sont invités à faire passer à la Cour martiale, les soldats qui auront blessé leurs chevaux volontairement par des moyens quelconques pour ne pas suivre la colonne, ou pour ne pas assister à un combat.

Ils sont aussi invités à faire modifier les harnachements des chevaux afin qu'ils ne soient pas blessés et surveiller la ferrure, de s'assurer si les chevaux reçoivent ce qui leur est alloué, et si la quantité est suffisante et de bonne nature ; ils mettront dans la nourriture des chevaux des ingrédients pour les préserver des maladies, et si leur logement qui peut être prolongé est sain.

7e *Ordre du jour.*

Passeront à la Cour martiale tous les soldats des compagnies et escadrons qui ne pourront pas justifier de l'emploi de leurs cartouches, parce qu'il y a des soldats qui, pour ne pas être chargés, noient les munitions ou les enterrent, puis arrivés sur le champ de bataille ils s'écrient : « Plus de munitions. »

8e *Ordre du jour.*

Les compagnies d'infanterie seront ainsi formées sur le champ de bataille : les hommes seront placés sur deux rangs ouverts, le second rang sera à dix mètres du premier ; il est permis aux hommes du second rang de se coucher pendant le tir des hommes du premier rang. Une liste fera connaître le nom des hommes composant le premier rang, de même qu'une autre liste fera aussi connaître le nom des hommes composant le deuxième rang. Les hommes du deuxième rang ne pourront pas passer au premier, ni les hommes du premier rang passer au deuxième, sous peine de passer à la Cour martiale. Pour le tir, il n'y aura que le premier rang qui tirera ; il ne sera pas gêné pour employer son tir par la fumée produite par celui des hommes du deuxième rang ; et les hommes du premier rang pourront ajuster pour frapper leurs ennemis mortellement. Il ne s'agit pas de répandre des balles, il faut qu'elles atteignent le but à l'approche des têtes de colonne et des charges de cavalerie ennemie ; on fera serrer le deuxième rang sur le premier pour employer le feu sur deux rangs. Ce tir sur un seul rang a pour but que : quand le premier rang aura ses munitions épuisées ou ses armes trop échauffées, le premier rang passerait deuxième rang, et le deuxième passerait premier rang. Tous les jours le matin on désignera le rang qui doit former les soldats du premier rang.

9e Ordre du jour.

L'école des tirailleurs du corps de cavalerie est supprimée et remplacée par une nouvelle école détaillée. Art. 3e, manuscrit de cavalerie, les patrouilles de jour et de nuit sont formées comme il est prescrit Art. 9, 10 et 11, même manuscrit. La grand'garde du corps de cavalerie est supprimée ; elle est remplacée par un autre mode détaillé Art. 2e, même manuscrit. Un nouveau mode d'éclairer les détachements, régiments, corps d'armée est détaillé Art. 1er, même manuscrit, 1882.

10e Ordre du jour.

L'école des tirailleurs du corps d'infanterie est supprimée ; elle est remplacée par des colonnes allant en reconnaissance, comme il est prescrit Art. 7, manuscrit d'infanterie ; les patrouilles de jour et de nuit sont formées comme il est prescrit Art. 9 et 10, même manuscrit, un nouveau mode d'éclairer les détachements, régiments et corps d'armée est détaillé, même manuscrit, Art. 1 à 7, 1882.

11e Ordre du jour.

Il fait connaître la nouvelle transformation de la sousgarde et de la détente de l'arme dont quatre seulement, par compagnie et par escadron seront transformées ; une longue-vue sera placée sur le canon de chaque arme ci-dessus désignée, elle aura pour but de faire paraître l'ennemi plus rapproché, et augmentera la justesse et la précision du tir. Il y aura par escadron et par compagnie d'infanterie quatre hommes qui seront armés chacun d'un de ces fusils, leur mission sera de tirer seulement sur les officiers de l'armée ennemie. Les sergents-majors et maréchaux-des-logis-chefs seront munis chacun d'une longue-vue sur le champ de bataille pour s'assurer si les balles tirées ont atteint le but désiré, dans le cas contraire, ils en feront rectifier le tir. Ce travail est détaillé au 7me problème, manuscrit d'infanterie 1882.

12e Ordre du jour.

Quatre cavaliers seront armés chacun d'un sabre nouveau modèle détaillé Art. 8 à 12, manuscrit de cavalerie 1882. Le même ordre fera connaître la nouvelle transformation du sabre-baïonnette dont quatre par compagnie d'infanterie détaillé Art. 12, manuscrit d'infanterie, recevront cette transformation. Un fantassin ainsi armé aura la force de 12 hommes, il en sera de même pour le cavalier.

13e Ordre du jour.

Il faut que tous les soldats puissent prononcer en langue allemande : « Soldats, rendez-vous et brisez vos armes. » Et quand des soldats allemands mettront la crosse en l'air, ils leur diront aussi : « Brisez vos armes. » Puis ensuite, ils s'empareront de leurs ennemis.

14o Ordre du jour.

Tous les cantiniers porteront les galons de sous-offi-

ciers et seront reconnus tels ; seulement ils n'en toucheront pas la solde, ils ne toucheront que celle de 1er
soldat. Ils auront le droit de punir les caporaux, briga-
diers et soldats. Ce grade leur est donné pour pouvoir
faire la police dans leur établissement, et pour réprimer
les paroles inconvenantes. La ration de chaque homme
est ainsi détaillée : Du réveil à midi, un homme n'aura
droit qu'à 10 centimes d'eau-de-vie, à un litre de vin,
bière ou cidre, et à un café, avec 10 ou 12 centimes
d'eau-de-vie. Et de midi à l'appel du soir, même ration
que ci-dessus.

15e Ordre du jour.

Aussitôt après un combat ou une bataille, il sera
creusé une fosse commune où tous les soldats tués seront
arrangés pour y être déposés et ensuite recouverts, puis
MM. les intendants tiendront une liste exacte qui portera
les noms de tous les hommes ensevelis dans cette fosse,
et aussitôt après la campagne, il sera élevé un monument
où figureront les noms de tous ceux qui y reposeront. Il
en sera de même pour les hommes morts dans les am-
bulances. Par ce moyen, les pères, mères, frères, sœurs
et amis sauront où reposent les restes mortels de tous
ceux qu'ils ont aimés et chéris pendant leur vie.

16e Ordre du jour.

« Soldats, tous ceux qui auront eu le bonheur de se distinguer, recevront la médaille, la décoration et les épaulettes ; ceux qui auront fait preuve de bonne volonté étant dans les rangs de leur compagnie, porteront la reine-mère d'abeille sur la poitrine, attachée au ruban de la nation ; mais ceux qui auront manqué à la discipline militaire et montré de la mauvaise volonté dans les rangs de leur compagnie, porteront sur leur front le stigmate de la honte. »

17e Ordre du jour.

Il fait connaître que le cavalier et le fantassin vont être exercés ensemble, afin que le cavalier connaisse le côté faible du fantassin et aussi pour que le fantassin connaisse la position faible du cavalier, et afin que les hommes à pied puissent connaître où il leur faudra piquer le cheval pour s'en rendre maître. Cette manœuvre est détaillée au problème 9, manuscrit d'infanterie, 1882.

18e Ordre du jour.

Il fait connaître que les colonels doivent surveiller la nourriture de leurs soldats pour la quantité que chacun

2

doit recevoir de nourriture par jour complet, et aussi être toujours bien chaussé, parce que quand le colonel commandera : Colonne en avant, le soldat partira d'un pas ferme ; car dans le cas contraire, au commandement de : Marche, on pourrait s'écrier : « J'ai faim.» Un autre : « Je n'ai pas de chaussures. »

ARTICLE I er. — Le premier grand commandement est massé à   kilomètres de Metz ; il fait face en plein Est, position de cette citadelle, sa droite s'appuie sur les bords de la Seille vers sa rive droite, et sa gauche s'étend en allant s'appuyer sur les bords de la Moselle, rive droite de cette rivière ; ses deux ailes décrivent une courbe vers leur extrémité. Cette armée occupe un retranchement établi par les officiers de l'état-major à l'aide des paysans requis ; il est bien entendu qu'elle doit attendre l'ennemi à bout portant. Les batteries divisionnaires sont abritées et non en vue de l'ennemi.

ARTICLE II. — Il est détaché à   kilomètres en avant de cette armée, 40 soldats dans chaque commune ; ils sont répartis sur un front qui décrit une courbe vers ses deux extrémités ; il y a 20 soldats de service pendant la journée dans chaque commune et pendant la nuit 20 autres y sont de service pour que les premiers aillent se reposer. Chaque détachement qui occupe une commune, est massé dans un retranchement établi par MM. les officiers de l'état-major à l'aide des paysans requis, et à

100 mètres de ladite commune, où il est à présumer que l'ennemi fera son arrivée ; ces détachements sont donc retranchés de jour comme de nuit dans cette redoute, et les hommes ne doivent pas se faire voir à l'ennemi ; ils doivent attendre à bout portant les éclaireurs, les patrouilles et les tirailleurs ennemis, de manière à les détruire au fur et à mesure qu'il en paraîtra.

19e Ordre du jour.

« Habitants des villages occupés militairement, il vous est défendu de vous promener et de stationner sur les routes et les chemins qui aboutissent au retranchement établi près de chaque commune, sous peine de recevoir une balle française, parce que vous gêneriez l'emploi du tir des soldats qui défendent cette redoute. Ces redoutes auront pour but de forcer l'ennemi à marcher en colonnes serrées ou de front. »

Observations sur la funeste année de 1870

On a vu des éclaireurs prussiens marcher à 15 kilomètres en avant de leur tête de colonne. Paris a été cerné par une division de cavalerie.

20e Ordre du jour.

Il fait connaître qu'il faut fabriquer 100 voitures détaillées Art. 5, manuscrit d'infanterie, 1882. Chacune d'elles contiendra 20 soldats, et, par leur forme, ils pourront s'y coucher pendant la nuit, ainsi que les trois conducteurs qui reposeront dans un hamac suspendu en dessous de ladite voiture ; leurs chevaux seront attachés sur les flancs de la voiture, une toile fixée à la place la plus élevée de cette voiture s'étendra en passant au-dessus des chevaux, pour s'accrocher à des piquets fixés en arrière de ces derniers; ils seront donc préservés de la pluie avec cet abri ; il sera accroché à l'arrière-train de cette dernière, un petit chariot surmonté d'une marmite détaillée Art. 6, édition de 1878. Cette marmite sera pour faire cuire les aliments des hommes de la voiture. Ces voitures sont destinées pour transporter rapidement de la troupe sur un point quelconque. Nous supposons qu'on lance 50 voitures de ce système. En moins de 2 heures 1/2, elles débarqueront mille hommes à 25 kilomètres du front de l'ennemi.

ARTICLE III. — Il sera détaché à ladite ligne de bataille, 25 voitures qui seront réparties çà et là sur la ligne de bataille ci-dessus nommée, et garnies chacune de 20 soldats, et pendant toute la journée, hommes et chevaux se reposeront ; mais pendant toute la nuit, elles iront faire des surprises à l'ennemi de 15 à 20 kilomètres en avant de la ligne de bataille.

21e Ordre du jour.

Il fait connaître aux habitants des villes et villages de ne pas tirer sur les éclaireurs, patrouilles, vedettes et tirailleurs ennemis, sous peine d'être fusillés. Cet ordre a été transmis au général en chef des troupes allemandes : « Général, lorsque vous aurez des vedettes, sentinelles, éclaireurs et des patrouilles de destruction en avant de vos têtes de colonnes, il ne faut pas vous en prendre aux habitants des campagnes, ce sont les soldats français qui les auront tuées ; quand vous n'en verrez pas dans un endroit, il y en aura, et quand vous n'en verrez pas, il y en aura encore ; nous vous faisons aussi connaître que les soldats français ont l'ordre de ne jamais tirer sur les soldats ennemis infirmiers, pas plus que sur les voitures qui les accompagnent, parce que ces hommes portent secours au courage malheureux ; ils ne les feront pas prisonniers, ils ont ordre que, quand ils ramasseront ensemble des blessés sur le champ de bataille, de leur serrer la main avec cordialité, en signe d'affection.

22e Ordre du jour.

Partout où les troupes françaises séjourneront, et à mesure de leur départ, MM. les intendants feront enlever toutes les voitures, tous les chevaux, bœufs, moutons, chèvres, porcs, la paille, le foin et l'avoine. Tout cela sera dirigé sur Metz.

23ᵉ *Ordre du jour.*

Tous les gardes champêtres, cantonniers, employés de la régie, les gardes des eaux et des forêts, sont requis pour faire un service continu pendant tout le jour et la nuit sur les routes et chemins venant de la frontière ennemie pour demander les laisser-passer de chaque personne, le motif de leur aller et venue, et ceux qui ne répondront pas convenablement, seront arrêtés et conduits au poste établi à chaque village où il y aura une Cour martiale présidée par le chef de poste, et toute personne reconnue coupable, sera fusillée sur le champ.

24ᵉ *Ordre du jour.*

Dans toute commune occupée militairement, il y sera requis des hommes pour aller en reconnaissance spéciale ; prendre autant que possible ceux qui auront été militaires pour servir d'éclaireurs la nuit comme le jour, et qui se porteront en avant de la ligne de bataille ennemie pour voir, pendant la journée, ce qu'ils font, les dispositions de leurs colonnes et leurs forces sur chaque point ; puis le soir ils étudieront la pose des vedettes, des sentinelles et des postes, leurs forces, et les villages occupés par de forts détachements.

ARTICLE IV. — Tous les jours, il partira des voitures expliquées 20e Ordre du jour, vers 3 heures de l'après-midi, pour aller surprendre les postes et les détachements ennemis; elles seront dirigées par les éclaireurs ci-dessus désignés, on passera par des chemins dérobés aux vedettes, si on ne peut pas les surprendre et les tuer, ainsi que les hommes composant un poste ; cela fait, on cernerait le village en envoyant des voitures lancées au galop, et d'autres y entreront ; puis aussitôt les hommes mettront pied à terre et allumeront chacun la lanterne qu'ils portent suspendue sur leur poitrine, pour se mettre à la recherche de l'officier supérieur, et ils s'empareront de tous les officiers, de leurs chevaux et de toutes les voitures de bagages; ils noieront toute la poudre et feront briser toutes les armes des soldats, puis cela fait, ils emmèneront les officiers comme prisonniers de guerre.

ARTICLE V. — Il y aura des mortiers de mis en batterie çà et là à la hauteur de cette ligne de défense ; ils lanceront des bombes-chandelles ; voyez leur composition Art. 76 et 77, édition imprimée en 1878. Le jour où il n'y aura pas d'éclaireurs ni de voitures expliqués ci-dessus, ces bombes seront pour éclairer pendant la nuit la surface du sol pour voir le mouvement que pourrait faire l'ennemi.

ARTICLE VI. — Pendant la journée, les éclaireurs qui

sont lancés en avant de la ligne de bataille pour aller étudier la marche des colonnes ennemies et leurs forces sur chaque point, viendront donc en rendre compte au chef de poste qui stationne à l'entrée de chaque village, et lorsque les têtes de colonnes ennemies n'en seront plus qu'à   kilomètres d'un des dits postes, le chef du détachement fera déposer des projectiles , chandelier nᵒ 1, détaillé Art. 20, manuscrit d'artillerie qui date de 1863, sous les tas de pierres qui servent à rehausser les routes et les chemins, et les feraient éclater à l'arrivée des têtes de colonnes ennemies, après avoir employé le tir au moyen de leurs armes, et aussitôt tous les hommes monteront dans les voitures stationnant devant ledit poste préparé à l'avance pour aller occuper une autre redoute placée à l'entrée du village qui est en arrière de celui ci-dessus pour y exécuter ce qui y est indiqué, et ce repliement se ferait de village en village jusqu'à la fin du dernier, puis ensuite ils rentreraient dans les rangs de leur armée.

ARTICLE VII. — Aussitôt que tous les détachements ci-dessus seront rentrés dans les rangs de l'armée, et que les têtes de colonnes ennemies seront à la portée des armes à feu portatives, on ouvrira le feu par une charge à volonté, ainsi que les batteries divisionnaires qui tireront, et pendant la nuit on lancera des bombes-chandelles pour éclairer la surface du sol, afin d'examiner les positions que l'ennemi pourrait prendre.

Lorsqu'on sera obligé de prendre la retraite, on viendra occuper un retranchement établi à ..... kilomètres du premier et toujours fortifié par MM. les officiers de l'état-major, et on emploiera les mêmes principes que ci-dessus, puis lorsqu'on sera obligé de l'abandonner, on se reportera en arrière pour venir s'abriter sous les canons de Metz.

ARTICLE VIII. — Pendant les mouvements ci-dessus, nous déployons le 2e commandement le long de la Moselle vers sa rive gauche ; la gauche du 2e est appuyée sous les canons de Metz vers le sud de cette place, et sa droite s'étend jusqu'à Marbache à environ.....kilomètres de Metz, et il est massé et retranché, non en vue de l'ennemi; ce retranchement est toujours élevé par MM. les officiers de l'état-major, comme il est prescrit Art. 1er.

ARTICLE IX. — Toutes les batteries divisionnaires sont mises en batterie derrière des massifs de terre et dérobées aux yeux de l'ennemi.

ARTICLE X. — Tous les villages qui sont en avant de ce commandement et à 25 kilomètres, seront occupés militairement comme il est prescrit Art. 2, 3, 4, 5 et 6. Après avoir défendu le dernier village qui longe le cours de la Moselle vers sa rive droite, les troupes franchiront cette rivière au moyen de nacelles dirigées par les pontonniers et le génie, et on enlèvera les ponts de bateaux qu'on a dû élever sur le cours de la Moselle.

ARTICLE XI. — Aussitôt que tous les détachements seront rentrés dans les rangs de leur armée, et lorsque les têtes de colonnes ennemies seront à la portée des armes du corps d'infanterie, on ouvrira sur elles un feu de mousqueterie et des tirs de bouche à feu divisionnaires ; si l'ennemi voulait élever des ponts de bateaux sur le cours de la Moselle, on lui disputerait ce travail ; s'il venait pour franchir ceux établis sur le cours de la Moselle, ils seraient défendus par des détachements postés et retranchés en avant des ponts et lorsqu'ils seraient obligés de prendre la retraite, ils déposeraient des projectiles chandeliers sous les tas de pierres qui sont sur les routes et ils en mettraient aussi dans le retranchement qu'ils abandonnent à l'ennemi et qu'ils feront éclater à l'arrivée des têtes de colonnes ennemies ; ils en déposeront aussi sur le tablier du pont qu'ils feraient éclater quand l'ennemi les aborderait, et si ces colonnes étaient prêtes de franchir un pont, on le ferait sauter au moyen de la mine préparée à l'avance.

ARTICLE XII. — Lorsqu'on abandonnera la position que l'on défendra, l'aile droite de ce commandement se portera en arrière, elle pivotera sur son aile gauche qui restera toujours abritée sous les canons de Metz pour venir se masser dans une nouvelle ligne de bataille à..... kilomètres de la première ; cette ligne sera fortifiée et retranchée toujours par les officiers de l'état-major, avec

l'aide des paysans requis ; elle serait défendue avec éner-
gie et on continuerait donc cette retraite en établissant
des retranchéménts de distance en distance et de manière
à faire converger cette aile droite en arrière, soit en
diminuant ou en augmentant son front, mais que son aile
gauche reste toujours sous les canons de la citadelle de
Metz, et que l'aile droite de ce commandement vienne
dans sa retraite aboutir au village de Mars-la-Tour, qui
est à.... kilomètres de Metz vers l'ouest.

ARTICLE XIII. — Il y aura un corps de cavalerie qui
couvrira l'aile droite du 2ᵉ commandement du corps
d'infanterie pour le garantir d'un mouvement tournant
de la part de l'ennemi; il s'étendra jusqu'à 7 kilomètres
plus loin que Nancy; il enverra en avant de son front des
éclaireurs, armés d'appareils décrits Art. 2, édition imprimée en 1878, pour faire des signaux convenus pendant
le jour et la nuit. Lorsque ces éclaireurs se porteront
en avant, ils ne suivront jamais les routes, ils marche-
ront toujours de manière à être garantis par des acci-
dents de terrain, afin de n'être pas aperçus des éclaireurs,
vedettes, patrouilles et sentinelles ennemis, de manière
à tomber dessus à bout portant pour les décapiter ou
bien encore les attendre à bout portant pour les détruire
à mesure qu'il s'en présenterait. Tous les villages seront
occupés militairement par un détachement ; ils devront
être massés, mais non en vue de l'ennemi, de manière à
l'attendre et à lui décapiter les éclaireurs et les patrouil-

les à mesure qu'il s'en présenterait et ils battront en retraite à l'approche des colonnes ennemies. Cette retraite se ferait successivement de village en village et ce corps prendrait la retraite en même temps que l'aile droite du 2e corps d'infanterie qu'il est chargé de couvrir. Si cependant il était refoulé, il se porterait en arrière de l'aile dudit commandement, il le préviendrait pour que ce commandement se règle pour prendre des retraites sur lui, et ce corps de cavalerie continuerait sa retraite en faisant converger son aile droite de manière qu'elle vienne se masser sur la route de Mars-la-Tour à Verdun, et ferait jouer dans sa retraite le tir de ses batteries divisionnaires en employant le projectile chandelier, Art. 11, qu'il disposerait sur les routes en les enterrant sous les tas de pierres qui sont destinés à l'empierrement des chemins, et qu'on ferait éclater à l'arrivée des têtes de colonnes ennemies, puis pendant la nuit on lancerait les bombes-chandelles pour éclairer la surafce du sol afin de voir les mouvements de l'ennemi.

ARTICLE XIV. — Pendant la retraite de ce 2e commandement, une colonne de 5,000 hommes fournie par le premier grand commandement se porterait en avant en longeant le cours de la Seille, rive gauche ; elle s'avancerait à petits pas pour laisser supposer à l'ennemi qu'on veut lui faire un mouvement tournant pour lui couper la retraite ; on emploierait les bombes-chandelles pendant toute la nuit.

ARTICLE XV. — Le 3e commandement se déploiera en appuyant son aile droite près des bouches à feu de Metz, vers le nord de cette place, et sa gauche pour aboutir à 7 kilomètres plus loin que Thionville ; ce corps sera retranché et fortifié sur les bords de la Moselle vers sa rive gauche faisant face à l'est, et non en vue de l'ennemi; voyez les articles 3,4,5,6,7,8,9,10 et 11. Lorsqu'on abandonnera cette position, on exécutera ce qui est prescrit ci-dessus ; ce sera l'aile gauche de ce commandement qui prendra des retraites en conservant toujours l'aile droite de ce commandement abritée sous les canons de cette citadelle ; dans les mouvements de cette aile, elle doit converger de manière qu'en exécutant ce qui est prescrit à l'article 12, afin que dans sa retraite, son aile gauche vienne aboutir au village de Mars-la-Tour.

ARTICLE XVI. — Il y aura aussi un corps de cavalerie détaché à ce commandement qui s'étendrait vers le nord de Metz, le plus loin possible, pour couvrir l'aile gauche de ce commandement. Il exécutera ce qui est prescrit à l'article 13; mais il ferait converger son aile gauche de manière qu'elle vienne dans sa retraite se masser sur la route qui conduit de Mars-la-Tour à Verdun.

ARTICLE XVII.— Pendant les mouvements ci-dessus, une colonne forte de 5,000 hommes fournie par le 1er grand commandement se dirigera sur la route de Thionville, sa tête de colonne sera masquée par des chariots dont l'arrière-train est chargé de pavés ; ces chariots seront formés sur deux colonnes avec un intervalle de... mètres pour y loger le corps d'infanterie; ils seront traînés par des chevaux qui les pousseront devant eux par un nouveau mode d'attelage: une personne tient le bout du timon pour faire dévier à droite ou à gauche l'arrière-train de la voiture afin qu'elle se porte en avant dans une direction convenable; on s'avancera lentement pour laisser croire à l'ennemi qu'on veut lui faire un mouvement tournant. Pendant la nuit on lancera des fusées de guerre et des bombes-chandelles afin de voir le mouvement que pourrait faire l'ennemi. Cette manœuvre a pour but d'intriguer les colonnes ennemies, et si l'on était obligé de prendre la retraite, on attèlerait les chevaux d'après le procédé connu et on se porterait en arrière, puis on traînerait les voitures dans leur véritable sens.

ARTICLE XVIII. — Les 2e et 3e commandements sont toujours sous les ordres du général en chef de manière à leur faire prendre des retraites ensemble et leur indiquer les points où ils devront élever des retranchements, de façon à faire arriver leurs ailes le même jour et à la même heure au village de Mars-la-Tour.

ARTICLE XIX. — Pendant tous les mouvements ci-dessus, il sera envoyé au village de Gravelotte un détachement fourni par le 1er grand commandement pour élever une batterie de 12 bouches à feu de gros calibre et à 400 mètres du village vers la face du sud, et une seconde batterie de même calibre sera posée vers la face du Nord et à 400 mètres du village.

Il sera encore établi au village de Mars-la-Tour, une batterie de 18 bouches à feu composée de tir à longues portées et à 400 mètres du village vers le nord; il en sera encore élevé une de même calibre et toujours à 400 mètres vers l'Ouest plein de cette commune, puis une troisième batterie comme il est expliqué ci-dessus fera face au sud plein à la position de 400 mètres de ce village. Il sera déposé dans le retranchement une grande quantité de vivres et de munitions de guerre.

ARTICLE XX. — Le 1er grand commandement est chargé de fournir des colonnes en arrière des 2e et 3e commandements comme armée de soutien.

ARTICLE XXI. - - Dès que le 2e et le 3e commandement seront venus dans leur retraite appuyer une de leurs ailes au village de Mars-la-Tour, le 2e commandement appuiera la droite de ce commandement dans le retranchement qui est placé vers le sud du dit village, et le 3e commandement appuiera son aile gauche dans le retranchement qui fait face vers le Nord de Mars-la-Tour, puis le détachement de l'article 9 sera chargé de défendre le retranchement qui fait face à l'Ouest plein de Mars-la-Tour.

ARTICLE XXII. — Aussitôt que le 2e et le 3e corps de cavalerie qui ont couvert l'une des ailes du 2e et du 3e commandement dans leur retraite, verront que les colonnes ennemies se rapprochent pour faire jonction ensemble afin d'opérer le cernement de l'armée, il prendra la restraite en se dirigeant sur Metz, et il retera un seul régiment de cavalerie qui fera des mouvements dans tous les sens pour masquer les ouvrages établis au village de Mars-la-Tour; lorsque le colonel verra du danger pour ses hommes, il prendra la retraite en faisant de la fumée au moyen du tir de ses armes, pour venir ensuite s'abriter sous les canons de Metz.

ARTICLE XXIII. — Aussitôt l'apparition des têtes de colonnes ennemies, et que celles de l'armée française en reconnaissance verront du danger, elles se porteront en arrière en brûlant des cartouches pour faire de la fumée; il y aurait parmi ces colonnes des artilleurs munis de sacoches remplies de matières faisant beaucoup de fumée en brûlant; ils en répandront sur le sol et les allumeront pour se dérober à l'ennemi dans leur retraite, ainsi que les ouvrages qui entourent le village de Mars-la-Tour.

ARTICLE XXIV. — Dès que le cernement sera terminé, on ouvrira le feu de mousqueterie ainsi que celui de toutes les bouches à feu par une charge à volonté pendant dix minutes, et aussitôt on le cesserait, puis on le re-

commencera encore pendant 10 minutes, et on cessera
pour s'assurer si les balles des armes à feu portatives
font encore leurs effets, mais les bouches à feu tireront
pendant tout le reste de la journée en faisant varier le
tir de direction. On fera aussi jouer la batterie décrite
article 19 s'il y a possibilité ; et après ce démêlé, l'armée
qui défendait l'investissement de Metz aura été cernée
le 18 août 1870.

ARTICLE XXV. — On conservera cette position jusqu'à
la tombée de la nuit, et on prendra ensuite l'ordre de la
retraite pour venir s'abriter sous les canons de Metz, en
emportant tout le matériel, et les jours suivants 19, 20
et 21 août, repos pour la troupe.

25ᵉ Ordre du jour.

« Etrangers résidant à Metz, vous allez porter sur votre poitrine la cocarde de votre nationalité, sous peine
d'être arrêtés et fusillés. Celui qui portera une cocarde
qui ne sera pas celle de sa nation propre sera aussi fusil-
lé ; vous ne pourrez assister à aucun rassemblement, ni
prendre part aux bandes de sujets français criant la gloire ou la détresse, sous peine d'être fusillés. Toute personne qui entretiendra des relations avec l'ennemi sera
fusillée pendant ou après la campagne. »

Il fait aussi connaître aux habitants de Metz, que ceux

3

qui seront reconnus pour avoir méprisé les officiers de tous
grades et découragé les soldats de ne pas marcher à la
voix de leurs chefs, et ceux qui auront dit des choses
qui n'existent pas ; ceux qui auront caché des soldats et
facilité leur désertion, et ceux qui entretiennent des relations secrètes avec l'ennemi seront fusillés pendant ou
après le siége.

Observations.

Nous supposons que l'ennemi n'aurait pas voulu refou-
ler les trois grands commandements qui défendaient
l'investissement de Metz, et qu'il aurait fait un mouvement tournant au moyen de deux colonnes de cernement
qui auraient eu un cercle à parcourir sur un intervalle
entre elles de 56 kilomètres au moins, et alors les ailes
des 2e et 3e commandements et les positions qu'ils occu-
paient des articles 8, 9, 10, 11, 12 jusqu'aux articles 16,
prendraient des retraites en suivant les têtes de colonnes
de cernement ennemi, et pendant ces mouvements, la
moitié des hommes du 1er commandement se porterait
à Thiaucourt pour y établir un camp retranché à l'aide
des paysans requis et un 2e camp retranché établi près
du village de Mars-la-Tour, à 6 kilomètres vers l'ouest
de ce dernier, et enfin un 3e à Conflans-Jarny, et ce
retranchement défendrait celui de Mars-la-Tour, puis il
viendrait, après avoir perdu ce dernier, défendre le re-

tranchement article 19. On élèverait deux parallèles formées de branches d'arbres, expliqué aux articles 73 et
74 où il est dit : plus de guerre possible, édition imprimée en 1878. Une parallèle prendrait naissance à 5 kilomètres en avant de Gravelotte, vers le sud, et elle s'é-
tendrait en se dirigeant entre le sud et l'ouest sur une
longueur de 12 à 15 kilomètres. Il en serait élevé une
seconde qui prendrait naissance vers le nord de Gravelotte et à 5 kilomètres ; elle s'étendrait en se dirigeant
entre le nord et l'ouest sur une longueur de 12 à 15 kilomètres. Puis le 2e commandement, dans sa retraite,
viendrait appuyer l'aile droite de son commandement
dans le camp retranché de Thiaucourt, qu'il défendrait
militairement. Après avoir perdu cette dernière position, il viendrait dans sa retraite se masser derrière la
parallèle qui part de Gravelotte et qui s'étend entre
l'ouest et le sud, et après avoir perdu cette dernière il
prendrait retraite vers Metz , et le 3e commandement
dans sa retraite viendrait masser son aile gauche dans le
camp retranché de Conflans-Jarny, qu'il défendrait à
outrance, et après avoir perdu cette dernière position,
il viendrait dans sa retraite se masser derrière la parallèle qui part de Gravelotte et qui s'étend entre le nord
et l'ouest, et après avoir perdu cette dernière, il prendrait une retraite vers Metz.

Les corps de cavalerie qui ont protégé les ailes des
deux commandements ci-dessus dans leur retraite au

moment où ils se massaient derrière la parallèle expliquée ci-dessus pour la défendre, doivent prendre aussi
une retraite vers Metz.

FIN DU PREMIER CHAPITRE

CHAPITRE DEUXIÈME

————

Nous allons démontrer comment nous voulons briser le cercle qui entoure Metz.

26ᵉ Ordre du jour.

Il ordonne la fabrication de 2,000,000 de projectiles chandeliers nº 2, détaillé article 20, au manuscrit d'artillerie qui date de 1863, pour être déposés dans des bombes article 77, édition de 1878.

27ᵉ Ordre du jour.

Il ordonne la fabrication de 1,000,000 de pains du poids de 5 kilos chacun, pour être distribués aux chevaux, dont détail article 5, nº 4, édition de 1878.

28e *Ordre du jour.*

Il ordonne la confection de 2,000,000 de bottes de foin mélangées de paille, et serrées à la mécanique, liées au moyen de ficelle, dont un bout reste pendant sur une longueur de 0,35. Chaque botte doit avoir un poids de 5 kilos.

29e *Ordre du jour.*

Il ordonne la fabrication de 2,000,000 obus-foudres qui éclatent en deux fois aussitôt qu'elles touchent terre : ces obus lancent des balles dans toutes les directions, et ensuite ils vont se partager en 4 ou 7 morceaux qui sont lancés jusqu'à 30 mètres. Ce détail figure au travail du jour.

30e *Ordre du jour.*

Il ordonne la fabrication de 200 triqueballes à vis, ancien système Gribauval, pour traîner l'affut des mortiers; ce dernier repose dessus, l'arrière-train de cet appareil qui est blindé au moyen de planches à l'épreuve de la balle du fusil ennemi, pour garantir les artilleurs chargeant leurs pièces.

31e Ordre du jour.

Il ordonne la fabrication de 100 chariots montés sur des rouleaux qui leur serviraient de roues pour les traîner et leur arrière-train sera chargé de pavés destinés à amortir les projectiles ennemis.

ARTICLE XXVI. — Nous divisons donc le 2e et le 3e commandements en huit corps fort chacun de 15,000 hommes. Chaque corps est formé de deux colonnes sous les noms de colonne de droite et colonne de gauche ; elles ont un intervalle entr'elles de tant de mètres... Les bataillons sont formés par le flanc et sur six rangs; l'intervalle énoncé ci-dessus est disposé pour y loger deux batteries de mortier. Les chevaux sont attelés comme il est prescrit Art. 17, voyez le 30e ordre du jour, et un détachement d'artillerie à pied qui est armé des outils nécessaires pour briser les bouches à feu ennemies dont on se serait emparé; toutefois on pourrait les faire servir, mais toujours les détruire après l'opération ; derrière ce détachement suivraient deux batteries d'artillerie et deux régiments de cavalerie et ensuite marcheraient à la même hauteur vers le flanc droit, deux batteries d'artillerie et vers le flanc gauche deux autres batteries.

Disposition des huit commandements

Le 1er corps fait donc face au nord, pleine position de Metz.

Le 2e corps fait face entre le nord et l'ouest, pleine position de Metz.

Le 3e corps fait face vers l'ouest, pleine position de Metz.

Le 4e corps fait face entre l'ouest et le sud, position de Metz.

Le 5e corps fait face vers le sud, pleine position de Metz.

Le 6e corps fait face entre le sud et l'est, pleine position de Metz.

Le 7e corps fait face vers l'est, pleine position de Metz.

Le 8e corps fait face entre l'est et le nord, pleine position de Metz.

Il y a entre l'intervalle de ces commandements de forts détachements du corps de cavalerie.

32e Ordre du jour.

L'intendance a reçu l'ordre de fabriquer 1,000,000 de saucissons du poids de 500 grammes chacun, qui se composent de 136 grammes de viande de cheval, 136 grammes de viande de bœuf, 136 grammes de lard et de saindoux, 40 grammes de poids cassés et 40 grammes de riz ; le tout est mélangé à la mécanique, épicé et salé, ensuite salé en grand.

ARTICLE XXVII.—A midi tous les jours ces corps seront exercés à partir du 22 août jusqu'au 25 de ce mois à se réunir et à se former comme il est expliqué à l'article 26 ; ils se dirigeront chacun dans la direction qui leur est assignée et lorsqu'ils arriveront à la portée des armes à feu ennemies, ils feront demi-tour de manière que la queue de la colonne en devienne la tête ; cette manœuvre est faite pour que le commandant apprenne à bien connaître la topographie du terrain qu'il a à parcourir, afin d'aller briser le cercle formé par les Prussiens. Au jour donné, les officiers des batteries des mortiers destinés à lancer les bombes-pigeonnières sur le cercle formé par l'ennemi, étudieront la place et la distance qu'ils doivent avoir pour se mettre en batterie afin de tirer ; ils seront accompagnés de deux chefs artificiers pour bien régler la charge de poudre qui doit lancer la bombe et la fusée qui doit y communiquer le feu. Les mortiers impairs lanceront leurs bombes de manière qu'elles aillent tomber sur le cercle, tandis que les bombes lancées par les mortiers pairs devront éclater avant leur chute et au dessus de la troupe de cernement. Les 26, 27 et 28 août repos, le 29 et le 30 août, même manœuvre que ci-dessus et à la même heure.

ARTICLE XXVIII. — Le 31 août, les hommes recevront dans la matinée du pain pour deux jours et deux saucissons chacun, article 26, et leurs bidons pleins de vin mélangé d'eau-de-vie, et après avoir bien déjeuné, ils seront réunis à midi sur le terrain de manœuvre énoncé article 27, et vers une heure tous ces corps se porteront en avant pour aller briser le cercle ennemi indiqué ci-dessus, article 31 bis. Les têtes de colonnes de ces corps seront masquées par des chariots fabriqués pour cet usage, voyez l'ordre du jour 31e ; ils seront traînés par des chevaux comme il est prescrit article 17.

Lorsque les têtes de colonnes de ces commandements ne seront plus qu'à.... mètres du cercle, les batteries de mortiers sortiront en dehors des colonnes ; la 1re batterie franchira la colonne de droite, tandis que la 2e batterie franchira celle de gauche, et de suite les mortiers seront mis en batterie pour tirer comme il est expliqué 30e ordre du jour, ils seront traînés par des triqueballes à vis, système Guibauval ; aussitôt la mise en batterie des mortiers reposant sur leurs affûts, on poussera les triqueballes vers l'ennemi par les mouvements à bras en avant pour garantir les artilleurs qui chargent leurs mortiers et tirent ensuite. Pendant les mouvements ci-dessus, les batteries qui marchent vers le flanc des colonnes article 26e, aussitôt qu'elles verront que les mortiers se mettent en batterie, les deux batteries de la colonne de droite se porteront en avant en bataille au galop ; elles iront se mettre en batterie à la même hauteur que les mortiers qui tirent avec prolonge déployée, comme il est prescrit article 19. Édition imprimée en 1878, et aussitôt elles ouvriront le feu pour lancer les obus-foudres, voyez l'ordre du jour 29, pour leur emploi. Dès que chaque pièce aura tiré 12 coups, elle cessera le feu et se portera en arrière avec la prolonge déployée. Les batteries de la colonne de gauche exécuteront ce qui est prescrit pour les deux batteries de la colonne de droite, mais par les moyens inverses.

ARTICLE XXIX. — Lorsque les têtes de colonne auront franchi le cercle ci-dessus, et qu'elles l'auront dépassé de 100 mètres, les premiers bataillons qui forment les têtes de colonne, pour ceux de la colonne de droite, exécuteront un mouvement par le flanc droit, ils se porteront en avant dans cette nouvelle direction et feront main basse sur tout ce qu'ils rencontreront ; pas de prisonniers, tandis que les premiers bataillons des colonnes de gauche exécuteront le même mouvement que ci-dessus, mais ils le feront par le flanc gauche ; les bataillons qui suivront ceux ci-dessus, exécuteront les mêmes mouvements, mais les bataillons qui suivent ceux de la colonne de droite, se porteront en avant par une marche oblique à droite, et lorsqu'ils rencontreront leur colonne, ils y prendront rang par un quart à droite ; les bataillons de la colonne de gauche exécuteront les mêmes mouvements que ci-dessus, mais par le moyen

inverse. Les batteries d'artillerie qui marchent derrière les batteries de mortier article 26, après le cercle
rompu, se mettront en batterie à 200 mètres plus loin
pour employer le tir sur les troupes ennemies en fuite,
ou bien sur celles venant au secours des leurs, et elles
seront appuyées par la brigade de cavalerie article 26.

ARTICLE XXX. — Toutes les colonnes en marche de l'article 29, après la rupture du cercle, celle de droite reste
sous le commandement de son chef, tandis que la colonne de gauche sera commandée par le général le plus
ancien de la dite colonne. Ces colonnes continuent donc
de marcher jusqu'à la tombée de la nuit, elles campe-
ront à la place où elles s'arrêteront, et les hommes pré-
pareront leur souper ; ils déposeront chacun un saucis-
son dans une marmite avec très peu d'eau, et ils allumeront le feu dessous ; pendant leur cuisson, ils auront
soin de piquer leurs saucissons avec un instrument bien
pointu pour en faire sortir le jus et lorsqu'ils seront
cuits, ils les retireront de la marmite, puis la rempliront
d'eau et quand cette eau sera en ébullition, ils trempe-
ront la soupe. Voilà la nourriture que le soldat doit recevoir autant que possible pour le repas du soir, sur le
champ de bataille.

ARTICLE XXXI. — Puis le lendemain, toutes les colonnes
se mettront en marche pour aller à la rencontre de celles
qui marchent vers elles ; aussitôt leur rencontre, elles
prendront l'ordre de la retraite pour rentrer dans leurs

cantonnements habituels. Mais la colonne de gauche du 6ᵉ commandement, lorsqu'elle arrivera sur les bords de la Moselle, prendra l'ordre de la retraite pour venir prendre son cantonnement ordinaire, ainsi que la colonne de droite du 7ᵉ commandement qui, lorsqu'elle arrivera sur les bords de la Moselle, ainsi que la colonne de gauche du 7ᵉ commandement lorsqu'elle arrivera sur les bords de la Moselle, et la colonne de droite du 8ᵉ commandement, dès qu'elle arrivera sur les bords de la Moselle. Pendant tous ces mouvements, il sera envoyé des colonnes volantes fournies par le premier grand commandement entre les colonnes ci-dessus.

Observations sur les colonnes qui vont pour briser
le cercle qui entoure Metz.

ARTICLE XXXI BIS. — L'armée qui défend cette position est comptée forte de 200,000 hommes, mais il n'y a guère que 80,000 hommes qui y sont de service; ils sont répandus sur un contour de 70 kilomètres au moins, alors les 80,000 hommes sont donc répandus sur cette circonférence qui nous donne un total de 1,150 hommes par kilomètre. A l'arrivée d'une colonne française forte de 15,000 hommes, il n'y a pas à la place qu'ils vont briser, 15,000 Prussiens, pour les arrêter; puis quand les soldats prussiens verront venir à eux une colonne ainsi organisée, la frayeur les prendra, ils tireront sans justesse, car généralement le soldat tire toujours trop haut sur le champ de bataille, et pour en finir, il tire très mal et fort mal. Puis ils verront venir à eux la mort, et il y en a qui déposeront les armes, d'autres prendront la fuite ; puis une fois le cercle rompu, les soldats seront pris par le flanc, ainsi que les bouches à feu ennemies.

Et alors le cercle qui entourait Metz sera donc rompu le 1er septembre, après en avoir chassé les Prussiens ; mais il sera reformé le lendemain par les débris de l'armée de cernement et des renforts qui y sont arrivés.

Et il a été récité une prière pour l'armée qui a remporté une victoire sur son ennemi : « O grand Maître de l'univers! vos chers élus viennent de repousser ceux qui se sont présentés devant eux pour venir les battre, les rançonner, les piller, prendre de leur territoire et pour rendre une partie de nos pères esclaves, et les mettre dans la désolation ; vous nous avez aidé dans notre lutte, vous avez dirigé nos pas vers la victoire, vous avez compté le jour de leur décadence et en avez marqué la fin; nous vous en remercions très humblement.

« Que votre volonté soit faite sur nous, Seigneur. »

FIN DU DEUXIÈME CHAPITRE.

CHAPITRE TROISIÈME

Le 2 et le 3 septembre, repos pour les corps d'infanterie.

De la sortie de Metz de plusieurs commandements pour se diriger sur Belfort, Besançon et Lyon, en appelant aux armes tous les habitants.

ARTICLE XXXII. — Pour opérer ces mouvements, l'armée est divisée en six grands commandements ; le 5ᵉ commandement comprend tous les corps de cavalerie, il est divisé en trois colonnes ; la première colonne fait le simulacre de vouloir percer la ligne prussienne, le 3 septembre, à 7 heures du soir, vers le nord-ouest, position de Metz, et pendant toute la nuit elle lance des bombes-chandelles et celles pigeonnières, puis le 4 septembre, vers 5 heures du soir, la deuxième colonne tourmentera la ligne prussienne vers le sud-ouest, position de Metz, jusqu'à minuit en lui lançant des fusées de guerre et des bombes-pigeonnières, et le 4 septembre, vers 10 heures du soir, c'est la troisième colonne qui harcellera la ligne prussienne vers l'ouest, pleine position de Metz, en employant le tir de ses batteries divisionnaires jusqu'à deux heures du matin. Tous ces mouvements ont pour but de faire masser des troupes prussiennes vers les positions indiquées ci-dessus.

ARTICLE XXXIII. — Le 3 septembre, le 1er corps d'infanterie aura une distribution de pain pour ses hommes pour 4 jours, et chacun 6 saucissons détaillés à l'ordre du jour n° 32 et leurs bidons pleins de vin mélangé d'eau-de-vie ; il lui sera fait d'autres distributions chaque jour. Les hommes des batteries divisionnaires ont reçu les mêmes rations, et ils chargeront leurs affûts de rechange de sacs d'avoine et leurs caissons de bottes de foin serrées à la mécanique et du pain, décrits à l'ordre du jour du numéro 27; puis le 4 septembre, à 5 heures du matin, ce commandement se mettra en marche pour sortir de Metz en se dirigeant sur la route qui conduit à Dieuze et à Vic ; la tête de sa colonne sera masquée par les chariots décrits à l'ordre du jour numéro 31, et pendant sa marche il lancera des bombes-chandelles et celles pigeonnières et alors la queue de sa colonne sera à 20 kilomètres de Metz ; il s'arrêtera et il se fortifiera vers ses flancs.

ARTICLE XXXIV. — Le 2e commandement a reçu tout

ce qui est détaillé ci-dessus, et le 4 septembre, à 5 heures du matin, il suivra les traces du 1er commandement, il s'arrêtera en même temps que lui et il se fortifiera vers ses flancs.

ARTICLE XXXV.—Le 3e commandement a reçu les distributions ci-dessus, et le 4 septembre, à 5 heures du matin, il opérera une sortie sur la route qui conduit à Courcelles-Chaussy, sa tête de colonne est masquée comme il est prescrit ci-dessus, en avant de son front, il lancera des bombes-chandelles et pigeonnières, et il s'arrêtera quand sa tête de colonne sera à 6 kilomètres de Metz ; il fera masser le reste sur les glacis de cette forteresse, puis il passera le reste de la journée et de la nuit dans cette position ; ce mouvement est fait dans le but de forcer l'ennemi à se maintenir dans la position qu'il occupe.

ARTICLE XXXVI. — Le 4e commandement aura reçu aussi les distributions ci-dessus, et le 4 septembre à 5 heures du matin, il opérera une sortie sur la route qui conduit à Nancy du côté de la Moselle, rive droite ; sa tête de colonne est masquée comme il est prescrit ci-dessus, puis il lancera en avant de son front des bombes-chandelles et pigeonnières, et il s'arrêtera quand sa tête de colonne sera à 6 kilomètres de Metz ; il arrêtera la queue de sa colonne dans la position où elle se trouve et il passera la journée et la nuit dans cette position. Ce mouvement

4

est destiné à faire maintenir la troupe allemande dans les positions qu'elle occupe.

ARTICLE XXXVII.—Le 6e corps qui est chargé de défendre Metz et à l'aide de la garde civique, enverra un détachement sur la route qui traverse Saint-Julien; le 4 septembre, à 5 heures du matin, sa tête de colonne est masquée comme il est prescrit ci-dessus, les hommes auront également reçu des vivres ainsi que les chevaux pour 4 jours, il lancera en avant de sa tête de colonne des bombes-chandelles et pigeonnières, et il arrêtera sa tête de colonne quand elle sera à 5 kilomètres de Metz, puis il restera dans cette position jusqu'à nouvel ordre. Ce mouvement est pour faire rester les troupes allemandes dans les positions qu'elles occupent.

ARTICLE XXXVIII.—Il envoie une seconde colonne sur la route qui conduit à Ars-sur-Moselle, le 4 septembre, à 5 heures du matin, sa tête de colonne est marquée comme il est prescrit ci-dessus ; les hommes ont reçu des vivres ainsi que les chevaux pour 4 jours ; il lancera en avant de sa tête de colonne ce qui est prescrit ci-dessus, et il s'arrêtera quand elle sera à 5 kilomètres de Metz, il reste donc dans cette position jusqu'à nouvel ordre. Ce mouvement est pour faire exécuter ce qui est prescrit ci-dessus.

ARTICLE XXXIX. — Le 3e commandement, le 5 septembre, à 5 heures du matin, se dirigera sur les traces du 1er et du 2e commandements et il les traversera après avoir abandonné ses chariots, masquant la tête de colonne comme ci-dessus, et lorsqu'il arrivera à 15 kilomètres plus loin que ces derniers, il s'arrêtera.

Article XXXX.—Le 4e commandement, le 5 septembre à 5 heures du matin, suivra les traces des 1er, 2e et 3e commandements et il les traversera après avoir abandonné ses chariots masqués tête de colonne et il s'arrêtera quand il sera à 15 kilomètres plus loin que ces derniers.

Article XXXXI.—La colonne de l'article 37 vient dans la nuit du 4 au 5 remplacer le 3e commandement pour faire rester les troupes allemandes dans les positions qu'elles occupent, et elle restera donc dans cette position jusqu'à nouvel ordre.

Article XXXXII. — La colonne de l'art. 38 vient dans la nuit du 4 au 5 remplacer le 4e commandement pour faire rester les troupes prussiennes comme il est expliqué ci-dessus ; elle reste dans cette position jusqu'à nouvel ordre.

Article XXXXIII. -- Le 5e commandement composant le corps de cavalerie, le 5 septembre, dès que les chevaux et les hommes auront reçu des vivres pour deux jours, opérera une sortie le 6 septembre, à 5 heures du matin,

en traversant tous les commandements ci-dessus et il s'arrêtera quand il sera à 25 kilomètres de Metz, puis le 7
septembre tous ces commandements seront soumis à un
seul grand commandement, et le général en chef aura
reçu l'ordre de faire part au gouvernement de la France
qu'il pourra communiquer avec celui de Metz, en envoyant une personne sur la côte de Mousson, à 8 heures
du matin, tous les lundis, comme il est prescrit articles
79, 80 et 81, édition de 1878.

ARTICLE XXXXIV.—Les colonnes des art. 41 et 42 ont
reçu l'ordre, le 6 septembre, à 5 heures du matin, d'ouvrir le feu au moyen de leurs batteries divisionnaires en
avant de leur front et de se porter à petit pas en avant ;
pendant la nuit du 6 au 7, elles emploieront le feu de
mousqueterie et au moyen de leurs bouches à feu, elles
lanceront des bombes-chandelles et des pigeonnières
pendant une partie de la nuit ; ce tir aura pour but de
faire maintenir les troupes allemandes dans la position
qu'elles occupent, et elles rentreront dans Metz le 8 septembre.

Le 6e commandement reste chargé de défendre le
siège de Metz à partir du 7 septembre avec un effectif
de 25,000 hommes, non compris la garde civique.

FIN DU TROISIÈME CHAPITRE

CHAPITRE QUATRIÈME

De la défense des places de guerre

En temps de paix, on trace des lignes en face de toutes les bouches à feu mises en batterie et tirant par une embrasure.

Du milieu de chaque embrasure part cinq lignes se prolongeant à l'infini et qui ont un écartement entr'elles de ... mètres vers leurs extrémités. Ces lignes se prolongent également en arrière où elles sont incrustées sur la plate-forme où repose la pièce.

Une pancarte sera affichée près de chaque bouche à feu ; elle indiquera la quantité de poudre qu'il faut pour lancer le projectile sur tel ou tel repère et combien il faut donner de hausse à la culasse pour frapper tel ou tel but.

2000 mètres

Ligne de tir direct.

600 mètres

Embrasure.

Plate forme

Ligne en arrière.

20ᵉ repère. — Moulin.

Pendant le siège d'une place, il sera envoyé des espions qui parcourront les lignes de repère non en vue du tireur, et ils viendront rendre compte à l'état-major de la place où l'ennemi a établi ses batteries pour tirer sur la forteresse et l'emplacement de ses magasins à poudre et la place occupée par l'armée de soutien.

1ᵉʳ repère. — Village.

Du pointage de jour et de nuit d'une pièce de canon

Un piton est fixé sur le milieu de la flèche de l'affût et tout près de la vis du pointage, il y est fixée une ficelle de 2 mètres de longueur.

Lorsqu'on veut pointer sur une ligne quelconque, le pointeur tiendra la ficelle dans la main gauche , et il indiquera de la droite pour faire rendre la flèche à droite ou à gauche ; il tiendra donc la ficelle pour la faire coïncider avec la raie qui est imprimée sur le milieu de la flèche, et avec celle tracée sur la plate-forme sur laquellle on tire ; cela fait, on donnera les degrés voulus à la culasse du canon afin que le projectile aille frapper sur tel ou tel repère qui est sur la ligne de tir.

CHAPITRE CINQUIÈME

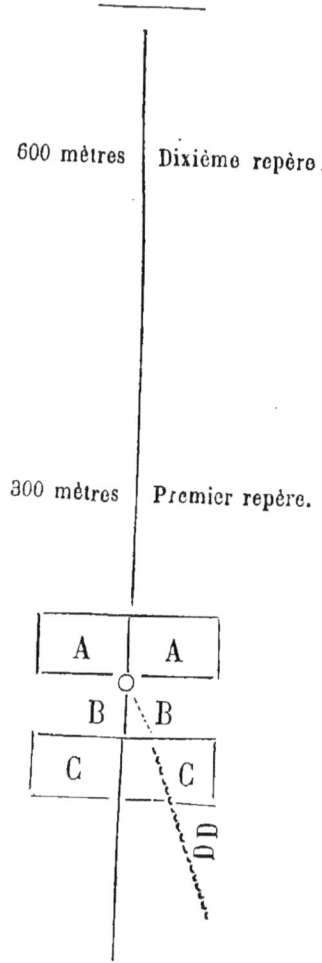

600 mètres | Dixième repère.

300 mètres | Premier repère.

A | A

B | B

C | C

D D

A.A. Planche posée sur l'épaulement d'une batterie

de mortier et en face de la bouche à feu qui tire. B B indique où les cinq lignes de repère prennent naissance et qui se prolongent à l'infini avec un intervalle entr'elle^s de... mètres, vers leurs extrémités, elles sont aussi tracées en arrière et incrustées sur la plate-forme C C où repose le mortier. Une ficelle est fixée à un piton placé au milieu de O. B B pour pointer.

Le pointeur tiendra la ficelle D D qui a une longueur de 2^{m}50, et il tirera en arrière pour la faire coïncider avec la ligne de repère incrustée sur la plate-forme C C et sur lesquelles on tire, en indiquant de la main droite pour faire arriver la ligne tracée au milieu du mortier et la pièce est pointée sur la ligne de tir convenue.

CHAPITRE SIXIÈME

Nous allons encore démontrer comment nous aurions défendu le siège de la citadelle de Metz en 1870, contre l'assiégeant.

33ᵉ *Ordre du jour.*

ARTICLE XXXXVII.— Artilleurs des batteries de siége, il faut vous tenir prêts à tirer vos bouches à feu pendant toute la journée et la nuit, il vous faut bien étudier pendant la journée sur quels points de repère, l'ennemi pourrait venir se fixer pour commencer ses travaux de nuit ; alors aussitôt son apparition, le réduire au moyen de vos projectiles.

34ᵉ *Ordre du jour.*

Il ordonne aux officiers du génie d'élever des fils de fer vers le contour de toute la citadelle aux endroits

convenables ; ils seront fixés à 3 mètres dn hauteur aux
arbres qui sont éloignés à la distance où les bouches à
feu portent les premiers bonds de leurs projectiles, et ils
seraient aussi attachés à un autre arbre et à la même
hauteur pour ceux qui sont à environ 300 mètres des
bouches à feu qui tirent de manière qu'ils ne touchent
pas la terre ; ils sont destinés pour y être accrochées des
fusées de signaux détail'ées ci-après. Lorsqu'on leur
communique le feu, elles se glissent le long des fils de
fer pour aller s'éteindre près de l'arbre opposé à celui
qui les a allumées ; cette manœuvre a pour but d'éclairer la surface du sol pendant la nuit, et pour éclairer les
patrouilles de nuit.

35e *Ordre du jour.*

Il ordonne à la direction d'artifice de confectionner
2,000,000 de fusées de signaux ; elles ne seront pas ar-
mées de baguettes, il sera fixé à chaque extrémité un
anneau crochet qui servira à les suspendre aux fils de
fer énoncés ci-dessus.

36e *Ordre du jour.*

Il ordonne de s'emparer de toutes les herses des envi-
rons de Metz, et même d'en confectionner de même forme que celles employées à l'agriculture pour être em-

ployées comme il est prescrit article 9, manuscrit d'artillerie qui date de 1863 et pour la pose des piquets et des
sonnettes qui annoncent pendant la nuit la présence de
l'ennemi sur tel ou tel point.

37e *Ordre du jour.*

Il ordonne la confection d'une moïssonneuse détaillée
au 9e problème, manuscrit d'infanterie daté de 1882, qui
tire 85 coups dans une heure, et qui lance 60 projectiles
par chaque bordée ; ils portent leurs premiers bonds à
2,500 mètres sur un front de 70 mètres ; nous comptons qu'il n'y a que 40 projectiles qui frappent l'ennemi,
ce qui nous donne un total de 3,400 hommes moissonnés
dans une heure.

38e *Ordre du jour.*

Il ordonne aux officiers du corps d'artillerie d'élever
des batteries de moissonneuses et des batteries de pièces
de campagne partout où leur présence serait utile autour de la place en se couvrant par un épaulement qui
s'enfoncerait de 50 centimètres.

39e *Ordre du jour.*

Il ordonne la formation de 400 mortiers tubes détaillés article 11, manuscrit d'artillerie daté de 1863.

40e *Ordre du jour.*

Il ordonne la fabrication de 1,000,000 projectiles F
ou d'embrasement, détaillé article 12, manuscrit d'artillerie daté de 1863, et pour l'emploi de ces projectiles
article 18, même manuscrit.

41e *Ordre du jour.*

Il ordonne la création des batteries d'artillerie à pied,
qui lance les projectiles à la main, Art. 5, manuscrit
d'artillerie daté de 1863 et pour lancer le projectile
chandelier, voyez Art. 23 à 26, même manuscrit.

42e *Ordre du jour.*

Il ordonne la création de bataillons de lanciers à pied,
voyez leur emploi, Art. 21 à 24, manuscrit d'infanterie
daté de 1863.

43e *Ordre du jour.*

Il ordonne la création de bataillons de blockhaussiers,
voyez Art. 29, manuscrit d'infanterie daté de 1863.

44e Ordre du jour.

Il ordonne la création de bataillons d'embuscadeurs, voyez 5e problème, manuscrit d'infanterie daté de 1882.

45e Ordre du jour.

Il ordonne que le corps de cavalerie soit spécialement chargé d'aller jeter sur le corps de cavalerie ennemi le projectile-chandelier et de le déposer sur le sol en avant du corps d'infanterie ennemi et de le faire éclater au moment de l'arrivée de ses colonnes ; voyez Art. 35, manuscrit de cavalerie daté de 1863.

46e Ordre du jour.

Il fait connaître à MM. les officiers d'artillerie de déposer çà et là autour de toute la place des mortiers lançant des bombes-chandelles pour éclairer pendant la nuit la surface du sol ; il y aurait aussi parmi eux des mortiers lançant des bombes pigeonnières, il serait donc lancé une bombe-chandelle après leur chute et si on apercevait des soldats ennemis, aussitôt on lancerait une bombe pigeonnière sur le but.

47e Ordre du jour.

Il fait connaître que si l'ennemi commençait ses travaux de nuit pour creuser sa première parallèle, on ferait jouer des bombes pigeonnières et ces dernières se
poseraient sur le dos et les épaules des travailleurs et au
même moment elles éclateraient ; on établirait des batteries de mortiers-tubes et elles seraient gardées par les
embuscadeurs, les lanciers à pied, et les batteries lance-
projectiles à la main, et le jour où l'ennemi ouvrirait le
feu, au même instant les batteries de mortier lanceraient
une nuée de projectiles d'embrasement sur les bouche
à feu ennemies ; en moins de dix minutes, elles seraient
toutes détruites, ainsi que les artilleurs mis hors de
combat, s'ils ne prenaient pas la fuite.

48e Ordre du jour.

Il fait connaître que dans le cas où l'ennemi par la
force des choses, viendrait à ouvrir une brèche, elle serait défendue au moment de l'assaut par les batteries de
mortiers lance-projectiles d'embrasements, de manière
qu'ils tombent sur la tête de colonne d'assaut avant
d'arriver à la dite brèche, et cette dernière serait défendue par des batteries de lance-projectiles chandeliers à
la main par les embuscadeurs et les lanciers à pied. Tous

ces derniers attendraient l'ennemi à bout portant et cette
tête de colonne devrait être arrêtée ; il est bien entendu
qu'on fera aussi jouer les bombes-pigeonnières. Nous
terminons notre travail au moment où la brèche est ou-
verte.

Nous n'avons pas le temps de donner un plus grand
détail à ce chapitre, nous reportons nos lecteurs à nos
manuscrits qu'ils ne connaissent pas, nos idées sont re-
portées sur un travail qui doit paraître en 1883 et qui
traite sur l'art de défendre la France.

Si toutes les données ci-dessus sont bien exécutées,
l'ennemi ne pourra pas entreprendre un siège régulier
contre cette forteresse.

Nous ne ferons pas le panégyrique de tous les officiers
qui ont défendu des forteresses depuis le déluge jusqu'à
ce jour en 1883.

FIN DU CHAPITRE SIXIÈME.

PROBLÈME pour employer l'aérostat
dans l'art de la guerre.

ARTICLE Ier. — Pour ce travail, il serait fixé à la partie basse de l'aérostat une chaise en corde pour y asseoir
une personne, et un filet pour y contenir des engins de
guerre; cet aérostat serait placé sur un chariot et main-
tenu en suspens à la hauteur de deux mètres au moyen
d'un cable qui y est fixé vers sa partie basse ; ce dernier
est roulé sur un treuil qui fait cause commune avec le
chariot, il est aussi roulé sur un autre treuil une pile
électrique qui fait cause commune avec le ballon.

De son emploi dans la guerre de plaine.

ARTICLE II. — Il y aurait un aérostat détaché à chaque corps d'armée ; un officier de l'État-major s'assiérait
donc dans la chaise expliquée ci-dessus, puis on porterait le chariot en avant traîné par des chevaux, et hors
de la portée des armes à feu des corps d'infanterie ennemie, ensuite on le placerait dans un endroit non en vue
des bouches à feu ennemies, et alors on détournerait les
deux treuils ci-dessus pour que le ballon puisse monter
à la hauteur de 2,000, 2,500 à 3,000 mètres, et c'est là
que l'officier d'état-major verrait les têtes de colonne de
l'ennemi en marche et ses forces sur tel ou tel point ; il
ferait donc connaître au moyen d'un fil électrique les
mouvements qu'il faudrait faire.

ARTICLE III. — Pendant la nuit, on promènerait le ballon en avant du corps d'armée, il serait garni d'appareils pour éclairer la surface du sol afin qu'on puisse voir les mouvements que pourrait faire l'ennemi.

De son emploi dans l'investissement d'une place de guerre.

ARTICLE IV. — On traînerait plusieurs ballons autour de la place à bloquer, comme il est prescrit art. 2e 3e, puis les officiers verraient donc les ouvrages avancés de la citadelle et la position des troupes qui défendent cette place, afin d'éviter la surprise, et aussi l'emplacement pour commencer les travaux du siège, etc. Après avoir établi les parallèles décrites dans la théorie pour faire un siège régulier d'une place de guerre, pour que dans le cas où on voudrait détruire le fort le plus important de cette citadelle, voici les moyens à employer : après avoir établi les travaux ci-dessus pour assiéger le fort en question, on le diviserait en traçant des lignes droites partant de la place que vous occupez. Nous supposons que votre ligne de bataille fasse face en plein Est, vous tracez donc des lignes partant de l'Ouest, et se prolongeant vers l'Est à l'infini, et vous donnez à ces lignes un intervalle entr'elles de 10 mètres en 10 mètres.

De la destruction du fort ci-dessus au moyen de ballons.

ARTICLE V. — Vous faites donc arriver dans vos parallèles établies ci-dessus, une grande quantité d'aérostats chargés d'obus incendiaires, de projectiles chandeliers n° 1, et des combustibles à incendier, et lorsque le vent soufflerait venant de la direction de l'ouest, aussitôt on placerait une section de lance-ballons à chaque ligne décrite art. 4e, partant de l'ouest à l'est, qui divise le fort en parcelles que vous voulez réduire, puis on lancerait donc une première bordée d'aérostat sur toutes les lignes de manière que les projectiles éclatent en arrivant aux premiers ouvrages de cette place après que les mèches qui doivent leur communiquer le feu auraient été réglées, et on tirerait donc une deuxième bordée toujours sur la même ligne, mais ils devraient éclater à 10 mètres plus loin que ceux de la première bordée jusqu'au dernier ouvrage de ce fort.

Un officier serait monté assis dans la chaise d'un ballon, il ferait connaître lorsque les derniers aérostats lancés auraient atteint les derniers ouvrages de la redoute, et on tirerait donc jusqu'à ce que les plate-formes, les affûts, les gabions sautassent et que les batteries blindées et casemates fussent réduites en cendres, et que les troupes ennemies eussent abandonné le dit fort. Et une fois ce fort détruit, on sommerait la ville de se rendre, etc, etc.

De son emploi dans la défense des places

ARTICLE VI. — Il serait placé des aréostats sous tout le pourtour de la citadelle que l'on défend, puis on exécuterait tout ce qui est prescrit Art. 2ᵉ et 3ᵉ.

Lorsqu'on verrait commencer les travaux de siège par l'ennemi, on établirait des sections de ballons, mais il n'y aurait personne d'assis dans la chaise expliquée plus haut, on les placerait dans les tranchées qu'on éleverait entre la place et les travaux de l'ennemi. Si la ligne de bataille des travaux de l'assiégeant fait face à l'ouest, alors on attendrait que le vent soufflât dans cette direction, et aussitôt on hisserait les ballons chargés, comme il est prescrit Art. 5, et le vent les pousserait vers l'est ; ils iraient donc se balancer au-dessus des travaux de l'assiégeant, puis on leur communiquerait le feu au moyen d'une fusée à signaux qui se glisserait le long du cable pour les faire éclater, afin que leurs débris tombent sur les travaux de l'assiégeant.

Notre travail présent n'est donné qu'au dixième de nos idées ; il est destiné pour ouvrir les idées aux hommes d'expérience et d'initiative.

FIN

www.ingramcontent.com/pod-product-compliance
Lightning Source LLC
Chambersburg PA
CBHW070937280326
41934CB00009B/1916